La Calle es libre

Texto: Kurusa
Imágenes: Monika Doppert

¡ Eso dicen !

EDICIONES EKARE

No hace tanto tiempo el león rondaba
las laderas del cerro. El cerro estaba lleno
de árboles y matorrales y bordeado de caminitos,
cañaverales, quebradas y terrenos vacíos.
La neblina bajaba la ladera junto con el león.

A los niños de San José,
porque este es su cuento.
A Noella Young,
porque su libro empezó este.
A Bruno, Lourdes y Carlitos,
y a toda la gente de la Biblioteca La Urbina,
porque aunque no creen en utopías,
luchan por un mundo mejor.

Cuando en lugar de café, Venezuela comenzó a exportar más y más petróleo, por allá en los años 20, la gente del campo venezolano se fue trasladando poco a poco a las ciudades. Primero, no fueron muchos, pero ya en los años 50 eran miles los que venían de los caseríos y pueblos a vivir en las grandes ciudades como Maracaibo y Caracas.

Las ciudades no estaban preparadas para recibir a estos nuevos habitantes: no había casas para ellos, ni redes de agua potable, ni alcantarillados, ni luz eléctrica. Y más importante aún, no había trabajo para todos los que llegaban. Muchos, entonces, se quedaron en los alrededores de las ciudades en viviendas improvisadas, incómodas y miserables. En ocasiones, tuvieron que dar peleas muy duras para poder ocupar los terrenos baldíos y construir allí sus ranchos.

En Caracas, la gente que venía del interior se ubicó en los cerros que rodean la ciudad, pensando que algún día podrían vivir en el valle, sin miedo a las lluvias y derrumbes, con suficiente agua potable, sin olor a cloacas y sin basura. Pero casi todos se fueron quedando allí y más gente siguió llegando. Hoy, casi la mitad de la población de Caracas vive en los llamados "barrios", que en Brasil se llaman "favelas", en Chile "poblaciones callampas" y en México "villas miseria".

LA CALLE ES LIBRE está basado en la historia verdadera de unos niños del Barrio San José de La Urbina, que querían un parque de juegos. Aún no lo tienen pero siguen soñando y luchando por conseguirlo. Y de la misma manera que la realidad fue la base de este cuento, pensamos que este cuento puede...

Sexta reimpresión, 1993
© Textos: Kurusa
© Ilustraciones: Monika Doppert
© 1981 Ediciones Ekaré
Avenida Luis Roche, Altamira Sur
Caracas, Venezuela.
Todos los derechos reservados.
ISBN 980-257-050-8
Selecciones de color: Estudios Gráficos Fotolito, Curitiba - Brasil.
Impreso por Carvajal S.A., Cali, Colombia 1993

Entonces había una sola casa en el cerro. Una casa
de bahareque rodeada de conucos de auyama, ocumo
y plátanos. En las mañanas, cuando la gente de
la casa subía a buscar agua, veían las huellas del león
en la parte alta del cerro.

Cuando iban a la ciudad por el camino de tierra
se paraban a pescar sardinas en las quebradas.

Pasaron los años y llegó gente a vivir en el cerro.
De Guarenas, Cúpira, Cumaná y los Andes; de cerca
y de lejos llegó la gente.

Construyeron sus casas. Nacieron niños que jugaban
entre los árboles, en las quebradas, en los terrenos vacíos.

El cerro comenzó a crecer hacia la ciudad
y la ciudad comenzó a crecer hacia el cerro.

La carretera de tierra que llegaba de la ciudad
se convirtió en carretera de asfalto.

Y llegó más gente.

Las casas subieron hasta el tope del cerro,
donde antes aparecían las huellas del león.
Las quebradas se volvieron cloacas.
Las veredas se llenaron de basura.
El cerro se convirtió en barrio.

Nacieron niños en el barrio que jugaban
en los terrenos vacíos, pero ya no entre
los árboles ni en las quebradas.

La carretera se convirtió en autopista.
Los terrenos en el valle se llenaron de edificios,
y desaparecieron las flores.
Todo el cerro se cubrió de casas.
Sólo quedaron unos cuantos árboles.

Los niños no tenían donde jugar.

Al salir de la escuela los niños iban a una casa
que habían acomodado como biblioteca. Allí había
libros, juegos de mesa, arcilla, pinturas, y muchas cosas
interesantes. Pero no había donde jugar la eres,
tomatera-tomatera, fútbol, béisbol, tonga, carreras
o ladrón librado.

Al salir de la biblioteca iban a jugar en la calle.

Un día, estaban brincando a la una
la mula cuando pasó el camión del verdulero.
El chofer les gritó:
— ¡Quítense del medio que no dejan
pasar los carros!
— ¡La calle es libre!— contestaron
los niños. Pero el camión era
mucho más grande y poderoso
que ellos, así que fueron a la parte alta
del barrio a volar papagayos. En media hora
todos, toditos los papagayos se perdieron,
enredados en los cables de la luz.

Volvieron a bajar y se quedaron
en una escalinata jugando pelota.
Pero la pelota siempre les caía
en un patio o en los techos
de las casas.

Una vecina muy brava se asomó por la puerta.
— ¡Se me bajan de ahí o les doy un escobazo!
— ¡La calle es libre!— contestaron bajito.
Pero no les quedó más remedio que irse.

Cabizbajos, los niños volvieron a las escaleras
de la biblioteca y allí se sentaron a pensar.
— Y si la calle es libre ¿por qué no
podemos jugar?— preguntó uno.
— Vamos a ver al gobernador y le pedimos
una cancha— dijo otro.
— ¿Dónde vive?— preguntó Carlitos, el más
chiquito. Los niños se miraron. Nadie sabía.
— Vamos al Concejo Municipal que queda cerca.
— Pero hay que ir con la gente del barrio,
para que nos escuchen— dijo Camila
que tenía unos grandes ojos tristes.
— Vamos a buscarlos.

Y los niños fueron de casa en casa
a pedir a los vecinos que los acompañaran
al Concejo Municipal.

Pero los vecinos estaban…

...cocinando
cosiendo
arreglando sus casas
lavando
trabajando lejos
...ocupados.

Los niños regresaron a la biblioteca.
Se sentaron en las escaleras con
las caras tristes.

En eso, apareció el bibliotecario.
— ¿Y esas caras de perritos regañados,
a qué se deben?
Los niños le contaron.
— ¿Y qué le van a pedir al Concejo?
— Un parque para jugar.
— ¿Saben dónde?
— Sí, —contestó Carlitos—. Allá abajo
en el plan, en el terreno vacío.
— ¿Saben cómo lo quieren?
— Pues…
— ¿Por qué no entran y lo discutimos?

Estuvieron hablando más de una hora.
Cheo que era el mayor tomó notas en un
papel largo.

— Bueno, y ahora ¿qué piensan?— preguntó
el bibliotecario.
— Que ahora quedamos igualitos —contestó
Camila—. ¿Qué hacemos con el papel
si no podemos ir al Concejo sin los mayores?
— ¿Por qué no?
— Porque no nos van a hacer caso.
— ¿Ya lo probaron?
— No.
— ¿Y entonces?
Los niños se miraron.
— Hagamos una pancarta —dijo Cheo.

Entre todos hicieron una gran pancarta
que decía:

— Mañana prepararemos la visita —dijo
el bibliotecario y subió a atender el club de ajedrez.

Los niños le dieron los últimos toques a la pancarta.
¡Había quedado tan buena!
Alisaron el papel largo con las notas.
— ¡Está chévere! —dijeron.
Lo único que faltaba era el parque. Una vez más,
los niños se miraron.
— ¿Y si vamos ahorita? —dijeron varios
al mismo tiempo.

Con la pancarta, y el papel largo bajo el brazo,
los niños de San José emprendieron marcha
hacia el Concejo Municipal.

El Concejo Municipal era más grande de lo que
habían imaginado. La puerta era muy alta, y tenía
un hombre ancho y gordo parado enfrente.

— Por aquí no pueden pasar —dijo.

— Venimos a pedir un parque —contestaron los niños.

— Váyanse para sus casas a hacer sus tareas,
y no molesten —gruñó el hombre gordo.

— Queremos ver a los señores del Concejo.
Los que nos pueden hacer un parque.

— Pero los señores del Concejo no quieren verlos
a ustedes. Así que, ¡fuera de aquí o llamo a la policía!

— Mire, así es como lo queremos —dijo Carlitos
y desenrolló el papel largo.

— Queremos espacio para jugar —dijo Camila
y desplegó la pancarta.

—¡Que se quiten de ahí! —rugió el hombre.

— ¡La calle es libre! —dijo Cheo. Y se sentó en el suelo.

— De aquí no nos vamos hasta que nos
oigan —dijo otra niña—. En la biblioteca nos
dijeron que el Concejo está aquí para que nos oiga.

En el barrio, las madres estaban preocupadas.
No encontraban a sus hijos.
Alguien los había visto salir de la biblioteca
con unos papeles largos.

— ¡Ah, caramba! —murmuró el bibliotecario—. Creo
que sé donde están.

En la puerta del Concejo el hombre gordo tenía
la cara colorada de tanto gritar, y en las esquinas de
la plaza empezó a congregarse la gente.

Todo pasó muy rápido.
Al Concejo llegaron al mismo tiempo las madres,
el bibliotecario y varios policías.

— ¡Muchachos del carrizo! —regañaron las madres—. ¿Cómo se vienen hasta aquí sin permiso?

— ¡Llévenselos! —mandó el hombre gordo a los policías—. Están perturbando el orden público.

Los policías agarraron los brazos de los niños.

— Un momento. —El bibliotecario alzó la mano—. ¿Qué pasa?

— Que no nos dejan hablar de nuestro
parque —dijo Carlitos.

— Que los van a encerrar, bien encerrados,
por malandros —dijo el hombre gordo.
Una madre más gorda y grande que él,
se plantó frente a los niños.

— Ah no, eso sí que no —dijo—. ¡Atrévanse
a tocarles un pelo! Si se los llevan a ellos,
a mí también.

— ¡Y a mí también! —dijo otra madre.

— ¡Y a mí! —gritaron todas.

En la puerta del Concejo aparecieron un concejal,
una periodista y el ingeniero municipal.

— ¿Qué está pasando aquí? —preguntaron.

— Que queremos un parque.

— Que nos quieren llevar presas.

— Que están alzados.

Todos hablaban al mismo tiempo.

— Dejen hablar a los niños —pidió el bibliotecario.

— Sí, déjenlos hablar —dijo la periodista
y sacó una libretica.

Los niños contaron su historia.

Cuando terminaron, el concejal preguntó al ingeniero:

— ¿Hay espacio por allí?

— ¡Sí! —contestaron los niños en coro—. Nosotros
sabemos donde. Los podemos llevar.

— ¿Por qué no vamos a verlo? —dijo el bibliotecario.

— Uhmmmm —hizo el ingeniero.

— Uhmmmm, uhmmmm —hizo el concejal—. Mañana.
Mañana vamos a verlo. Ahoritica no podemos.
Estamos muy ocupados. Pero mañana,
mañana sin falta vamos. Ehem. Recuerden, estamos
aquí para servirles.

Y el concejal le dio la mano a todas las madres.

— Yo sabía —dijo Camila.

Queremos un parque
con árboles
y semillas para semb
arbolitos
Columpios,
un tractor viejo para
una pala vieja para
Una casa para jugar
un mecate con un c
para lanzarse.
Mucho espacio para
beisbol, volibol y fu
para hacer carreras
papagayos,
para jugar fusilado,
cero contra pulsero, lac
librado, tomatera-tom
y tonga.
Grama para hacer
vueltas de carnero.
Un patio para jugar
Una cama vieja para
la burra.
Y un asiento para q
padres puedan visi
~FIN~

— Esperen, muchachos, yo sí voy
con ustedes —dijo la periodista.
Y junto con los niños, las madres y el
bibliotecario, fue a ver el terreno.
— ¿Cómo quieren su parque? —les preguntó.
Los niños comenzaron a leer su papel largo.
La periodista tomó muchas notas de todo
lo que decía el papel:

Al día siguiente la biblioteca amaneció callada.
Los niños se sentaron pensativos en la escalera.
— Yo sabía —suspiró Camila—. Yo sabía que no
iba a pasar nada.
— ¿Y si volvemos al Concejo con nuestros
hermanos mayores? —preguntó Carlitos.
— Los meten presos —contestó Camila.

Así pasó una semana.

Un día, el bibliotecario apareció sonriente
en la puerta de la biblioteca. Tenía un periódico
en la mano con unos grandes titulares:

— ¡Somos nosotros! —exclamó Cheo.

— ¡Somos famosos! —sonrió Carlitos.

— Pero de todos modos no nos van a hacer caso —dijo Camila.

Estaba equivocada. Esa misma tarde aparecieron en el barrio el concejal, el ingeniero, y tres asistentes.

— Venimos a ver el terreno para el parque. Pronto se lo daremos —dijeron.

— Muy pronto —dijo el ingeniero.

— Muy, muy pronto —sonrió el concejal.

AQUI CONSTRUYE
EL CONCEJO MUNICIPAL:
Parque Infantil San José

Y así fue: Una mañana amarraron
una cinta roja a la entrada del terreno,
y al medio día en punto el concejal,
vestido muy elegante y con los zapatos
lustrosos, cortó la cinta con unas
tijeras largas.

— Claro,
¿no ven que ya vienen
las elecciones?
Pero apuesto a que no
van a hacer más nada.

Esta vez parecía que Camila tenía razón.
Pasó el tiempo y los señores del Concejo no
volvieron. El terreno se fue llenando de basura
otra vez y poco a poco los vecinos
se olvidaron del parque.
Pero los niños no.
— ¿Qué pasó con nuestro parque? —preguntaron.
Los adultos tenían una sola explicación:
— El gobierno no cumple.
— Siempre prometen y después no hacen nada.

Carlitos, Camila y Cheo no se conformaron.
Desde lo alto, miraban el terreno vacío
y pensaban. Una tarde, Carlitos dijo:
— ¿Y no podemos hacer el parque nosotros
mismos?
— Estás loco, vale, eso es muy difícil.
— Pero si todos ayudan, tal vez...

Era una idea loca, pero de todas maneras
los niños se la contaron a sus amigos, a sus
hermanos mayores y a sus madres,
y las madres la comentaron
con los padres.

Y un día, el tío de Carlitos que estaba tomando
unas cervezas con sus amigos, dio un golpe
en la mesa y dijo:

— Bueno, pues. ¿Y por qué todo tiene que hacerlo
el gobierno? Si el terreno es nuestro, nosotros
podemos hacerle el parque a los muchachos.

Los amigos se quedaron sorprendidos y la mayoría
no estuvo de acuerdo.

— ¡Qué va! Aquí nadie colabora. Ni para limpiar
una vereda. Qué van a estar haciendo
un parque.

— Nooh, chico. Si aquí la gente es muy cómoda.

— Olvídate. Aquí no hay unión. Lo harás tú sólo.

— Soló no, yo lo ayudo.

— Y yo también.

Con el tiempo más y más gente hablaba del asunto.
Unos estaban de acuerdo, otros no querían saber nada
de eso y otros no estaban muy seguros.
Por fin, una madre dijo:
— ¿Y para qué tenemos aquí una Junta Comunal?
Vamos donde la presidenta y le pedimos
que haga una asamblea.

Así hicieron. El sábado siguiente se reunieron
en la biblioteca casi cincuenta personas.
La discusión fue tremenda y duró más
de cuatro horas.

— No se puede —decían unos.

— Sí se puede —decían otros.

No había manera de ponerse de acuerdo.

El tío de Carlitos y los muchachos defendían
el parque acaloradamente, pero la mayoría de los padres
tenía dudas de poder hacerlo sin ayuda del Concejo.

Después de los gritos, hubo un silencio.

Parecía que la cosa se iba a quedar así,
cuando una madre recordó que tenía
unas tablas que le habían sobrado,
un padre comentó que era carpintero,
y una niña dijo tímidamente:

— En mi casa hay unos mecates para
hacer columpios.

La gente se fue entusiasmando, y de repente,
todos querían colaborar.

— Pues yo, aunque sea unos clavos
traigo —insistió una abuela.

Carlitos, Cheo y Camila todos brincaron
a la misma vez.

— ¡Eso! ¡Ahora sí es de verdad!

Y entre todos los vecinos empezaron a construir
el parque. Consiguieron cemento, maticas, ladrillos,
corotos viejos, mecates usados, tablitas y tablones.

Clavaron, pegaron, alisaron, escarbaron y sembraron.
Todos trabajaron en sus horas libres...

En la vieja cerca los niños colocaron una pancarta
pintada por ellos mismos: